À la Mémoire

DE

M. l'abbé Louis REYDET

ÉCONOME ET PROFESSEUR

AU GRAND-SÉMINAIRE D'ANNECY

MORT DANS SA 39ᵉ ANNÉE

LE 3 DÉCEMBRE 1880

ANNECY
IMPRIMERIE J. NIÉRAT & Cⁱᵉ
7, RUE ROYALE, 7

1880

A la Mémoire

DE

DE M. L'ABBÉ LOUIS REYDET

Le dimanche 5 décembre, la chapelle du Grand-Séminaire d'Annecy a vu s'accomplir une cérémonie funèbre d'une profonde tristesse et d'une égale édification. On y célébrait la messe solennelle de sépulture du très-regretté M. l'abbé Louis Reydet, économe et professeur dans cette Maison, mort dans sa trente-neuvième année. Notre digne évêque, Mgr Isoard, avait tenu à témoigner devant le diocèse de la grande affection qu'il avait conçue pour ce bon prêtre et de la part sincère qu'il prenait à la douleur commune. C'est pourquoi Sa Grandeur, accompagnée de son Vicaire-Général, M. de Quincy, s'était rendue au Grand-Séminaire pour présider Elle-même à la cérémonie.

Dans la chapelle, la chaire, le sanctuaire, l'autel portaient un deuil sobre et de bon goût que dominait une croix blanche, ressortant sur fond noir. Au milieu de la nef, un lit funèbre de la plus grande simplicité avait été préparé. Déjà sur la tribune attendait, en priant, une députation des Sœurs de Saint-Joseph, des Sœurs de la Charité et des Filles de la Croix. A neuf heures, le célébrant, M. le Prévôt Ruffin, avec les deux ministres sacrés, est monté dans la chambre mortuaire. Il a béni le défunt selon le rit ordinaire, et aussitôt la Croix s'est mise en marche. Suivait une longue file de séminaristes et de prêtres en surplis. Quatre jeunes lévites portaient leur maître bien-aimé. Venaient ensuite son frère désolé, M. Alexis Reydet, M. le Grand-Vicaire Poncet et le docteur Adam ses parents, enfin, un bon nombre de ses amis.

L'escalier et le grand corridor du Séminaire sont une vraie galerie de tableaux de Saints et de gravures religieuses, qui en font comme un sanctuaire. Tous ces tableaux sont dus au zèle et à la piété du cher défunt. Tout dernièrement encore, il avait voulu que le premier objet à rencontrer, en entrant dans la Maison, fût l'image du Bon Pasteur au milieu de son troupeau. La retraite ecclésiastique approchait, il n'a pas eu de cesse, avant que ce grand tableau n'ait été placé. Pouvait-il penser et qui pouvait prévoir qu'en suivant ainsi les attraits de sa piété, il préparait un ornement à son prochain convoi, et que Notre-Seigneur, la très-sainte Vierge, saint François de Sales et tous les Saints, dont il cherchait à procurer la gloire, l'en récompenseraient si vite lui-même en paradis? A son passage, le Bon Pasteur ne l'aura-t-il pas reconnu et béni comme une de ses brebis les plus fidèles ?

La procession, sortie de la maison, est entrée dans la chapelle par la porte extérieure et l'office a commencé. Monseigneur était présent en cappe, accompagné de son Grand-Vicaire. Assister à un tel office est plus qu'une consolation : c'est une grâce. Quel recueillement ! quelle empreinte de tristesse ! quelle émotion profonde dans toute l'assistance ! *M. l'Abbé était si jeune encore !... Il promettait à son Evêque et à son Diocèse tant et de si précieux services ! Il était si bon, si dévoué, si aimable à tous !* Ces pensées occupaient et oppressaient tous les cœurs. Aussi, comme chacun comprenait et sentait ces beaux chants, ces belles prières de l'Eglise qui tantôt gémissent, tantôt supplient, mais qui toujours encouragent et consolent. Nous souhaiterions à ces infortunés dont il est fait mention dans la messe des morts, et qui n'ont point d'espérance, *qui spem non habent*, de voir un frère, un ami ainsi pleuré, ainsi accompagné jusqu'à la tombe : peut-être en seraient-ils ébranlés.

Après la sainte messe, Monseigneur a pris la place de l'officiant, et a fait lui-même l'absoute. Comme la dépouille mortelle, destinée à être transportée à Bonneville, ne devait être enlevée que dans l'après-midi, l'office étant terminé, la pieuse assistance profondément édifiée s'est religieusement retirée, et le défunt est resté, dans la chapelle, en la société et sous la garde de Notre-Seigneur au Saint-Sacrement. Heureuse compagnie ! Enviable société ! N'était-ce pas là une première récompense du tendre culte qu'avait voué ce bon prêtre à la divine Eucharistie ? Ajoutons que Notre-Seigneur lui réservait encore la même faveur pour toute la nuit suivante. En effet, l'heure du départ étant venue, au milieu des sanglots de la Communauté, sa chère dépouille a pris le chemin de sa ville natale qui l'a reçue dans son église. Le lendemain, toute la paroisse de Bonneville s'est véritablement honorée, en honorant elle-même ce sien enfant, ce prêtre si charitable et si pieux. Avec les témoignages de la plus sincère sympathie, avons-nous appris, la plus belle assistance l'a religieusement accompagné à sa dernière demeure, où il reposera désormais auprès de son respectable père.

Pour les amis de M. l'abbé Reydet, nous avons fait le récit de ses belles funérailles. Cela ne saurait suffire à leur amitié. Ils réclament avec raison quelques notes biographiques, au moins une esquisse de sa trop courte carrière. Nous la tenterons avec plaisir. Pour nous, qui avons joui de son intimité et connu tous les trésors de son cœur, il nous est très-doux de lui rendre, au nom de tous, ce dernier hommage de notre estime et de notre affection. Nous protestons toutefois que nous arrêterions là notre plume, si nous pouvions penser que, par-delà la tombe, il dût souffrir de nos paroles ce qu'il souffrait parmi nous au moindre mot prononcé à sa louange. Jamais modestie, humilité ne fut plus facile à s'alarmer. Mais il est maintenant, nous l'espérons, dans la lumière et la vérité. Nous pouvons parler de lui sans crainte.

Ses amis d'enfance et de jeunesse savent avec combien de convenance il portait le beau nom de Louis. Cet enfant et plus tard ce jeune homme était remarquable, charmant par sa douceur, par sa modestie, par son air de parfaite innocence. Son avenir n'était pas douteux : manifestement Dieu se l'était réservé. Aussi ses études achevées, bien qu'il fût l'aîné de sa famille, il n'eut pas même un regard, une tentation pour le monde, il s'en vint au Séminaire aussi simplement qu'il allait à l'église tous les matins. Le Séminaire ! Comme c'était bien le lieu où Dieu le voulait, puisque, après quelques années de ministère seulement, c'était là qu'il devait rentrer pour y mourir bientôt. Dans cette sainte Maison, avec son bon esprit et ses aptitudes toutes ecclésiastiques, il fut aussitôt la joie de ses maîtres et un modèle pour ses condisciples. On y vit surtout s'épanouir, se développer en lui cet attrait que, dès son enfance, il avait éprouvé pour le lieu saint, cette inclination et ce don tout spécial qu'il avait reçu pour les saintes cérémonies, pour tout ce qui tient au culte et aux autels du Seigneur. Infaillible signe d'une bonne et vraie vocation. En 1866, il était heureux, il était prêtre. Pourtant, quelque chose encore manquait à son bonheur. Dans un rapide voyage, en 1864, il avait vu, entrevu Rome. Tout son désir était de la bien connaître, de l'étudier dans ses Saints, ses martyrs, ses solennités, ses églises, toutes choses, avons-nous dit, qui exerçaient sur lui le plus grand charme.

Ce pieux désir était tout à sa louange. Facilement il obtint d'aller dans cette ville compléter son éducation sacerdotale. Nul n'était mieux doué pour jouir de la Rome chrétienne et papale. Il y vécut deux ans, heureux, respirant comme un air natal, n'ayant d'yeux, d'attention, de plaisir qu'aux choses de la foi, qu'aux fêtes religieuses. Comme il avait tout vu, tout observé dans ces anciennes basiliques, dans ces pieux sanctuaires, dans ces solennités splendides! Rome était restée pour lui le plus grand des souvenirs, et, si la patrie ne l'eût irrésistiblement attiré, il y eût volontiers passé le reste de ses jours. Il nous en revint dans l'été de 1868 et bientôt après, il fut nommé vicaire de Talloires. Dire le goût, la dignité, l'éclat même que le culte divin revêtit bientôt dans cette église sous sa direction et grâce à ses largesses, comme aussi raconter sa bonté pour tous et sa charité pour les pauvres n'est pas chose facile, mais la paroisse s'en souvient et ne l'oubliera jamais : en son nom, nous osons le lui promettre. Un tel zèle de la Maison de Dieu était bien à l'étroit dans cette petite localité. En 1875, la Providence appela M. l'abbé au Grand-Séminaire. C'était sa vraie place. Absolument prêtre en tout, dans ses goûts, dans ses idées, dans ses affections, il était pour la jeunesse du sanctuaire un guide, un maître providentiel. Pourquoi faut-il l'avoir perdu si tôt ! Etant Père temporel de la Maison, il éprouvait pour la santé et le bon entretien des élèves, toute l'inquiétude d'un bon père de famille. Voyages, fatigues, surveillance, rien ne lui coûtait pour contenter sa sollicitude. Et si l'un de ces jeunes gens était surpris, arrêté par quelque souffrance, avec quelle bonté, il s'empressait auprès de lui !

M. Reydet était très-doux de mœurs et ses manières, son langage, ses procédés, tout en lui était de bonne société, plein de grâce et de tact. C'est que sa politesse portée jusqu'à la délicatesse s'inspirait toujours en lui de la vertu du prêtre. Que de fois nous avons vu des confrères dont il était inconnu témoigner de leur admiration pour ce jeune abbé en qui ils rencontraient tant de prévenance et d'amabilité? M. Reydet portait cette même distinction dans ses rapports avec les élèves, il les formait ainsi chaque jour à cette école de politesse et de respect dont il était un si bon maître.

Mais sa joie et son triomphe se trouvaient plus encore dans ses leçons de cérémonies. *Le temple de Dieu est saint*, il est sa demeure et les anges du ciel y sont ses adorateurs. Dès lors l'église est aussi la Maison du prêtre et la part de son héritage. Le pieux professeur, pénétré de cette pensée, ne voyait donc rien que de beau, que de saint, que de très-grand dans tous les Offices et cérémonies de l'Eglise, et il prêchait d'exemple. On admirait sa dignité, sa modestie non moins que son aisance et sa grande fidélité aux moindres règles, dans toutes les fonctions ecclésiastiques. Comment n'en aurait-il pas communiqué l'estime et le goût à ses élèves ? Touchant souvenir qui leur restera de sa dernière leçon ! Faut-il y voir un pressentiment, et, pour tous, une grâce de préparation à à la séparation prochaine ? Dans sa dernière conférence, M. Reydet avait pris pour sujet la manière de disposer le lit funèbre pour la sépulture des défunts, et peu de jours après ces mêmes élèves éplorés préparaient le sien. La mort toutefois n'a pas pu le surprendre. Dès 1875, par un testament qui est un vrai modèle, il avait tout disposé, comme si la mort eût dû bientôt venir. A-t-elle beaucoup tardé ? Le 27 novembre, après quelques jours de souffrances tout à coup une paralysie de cerveau est venue le frapper. Dès ce moment, pour nous le conserver, il fallait un miracle. Le miracle a été demandé par les élèves, par ses confrères et ses amis. Vœux, pèlerinages, aumônes, neuvaines, messes et prières ferventes, tout a été offert à Dieu pour l'obtenir. Hélas ! nous pensions trop à nous-mêmes et Notre-Seigneur pensait à son bon et fidèle serviteur pour le récompenser ; le 3 décembre, peu avant midi, il nous l'a redemandé. *Justus es Domine et justum judicium tuum.*

Sur la pierre qui recouvre nos trépassés, nous aimons à lire quelques paroles de la Sainte-Ecriture qui conviennent à leur mémoire et nous la rappellent. La famille Reydet trouvera cent beaux textes à graver sur la tombe de celui qu'elle pleure. Qu'elle nous permette de lui en suggérer un qui semble fait pour lui. Ce texte lui fera dire : *Domine, dilexi decorem domus tuæ.* Seigneur, ce que j'ai aimé dans ma vie, c'est la beauté de votre Maison.

Comme tous ses amis retrouveront là le cher et pieux abbé ! Et de son souvenir, pour tous, il n'y aura pas loin à cette autre pensée toute consolante et salutaire : « Si ce bon prêtre ici-bas trouvait déjà son bon plaisir dans la Maison de Dieu, quel n'est pas maintenant son bonheur dans la vraie Maison de Dieu, le paradis ? C'est là qu'il nous attend, qu'il nous appelle. Comme lui, soyons toujours bien prêts. »

R.

†

www.ingramcontent.com/pod-product-compliance
Lightning Source LLC
Chambersburg PA
CBHW071440060426
42450CB00009BA/2257